KING KONG FRAN

KING KONG FRAN

Rafaela Azevedo e Pedro Brício

Cobogó

COLEÇÃO
DRAMA-
TURGIA

Sumário

KING KONG FRAN 7

De Rafa para vocês,
por Rafaela Azevedo 53

"Atenção, vai começar a transformação!",
por Pedro Brício 57

Uma mulher do seu tempo que nos devolve o agora,
por Viviane Mosé 61

KING KONG FRAN

de Rafaela Azevedo e Pedro Brício

King Kong Fran estreou em 22 de novembro de 2022 no Teatro Ipanema, Rio de Janeiro.

Direção e Dramaturgia
Rafaela Azevedo e Pedro Brício

Elenco
Fran (Rafaela Azevedo)

Direção musical
Letrux

Assistência de direção
Tamie Panet

Direção de arte
Gabriela Prestes e Carolina Leal

Assistência de direção de arte
Álvaro Antônio Ferreira

Cenografia
Carolina Leal, Gabriela Prestes e Álvaro Antônio Ferreira

Figurino
Natascha Falcão

Adereços
Claudia Taylor

Iluminação
Ana Luzia de Simoni

Identidade visual
Gabriela Prestes

Operadora de som
Joana Guimarães

Operadora de luz
Cris Ferreira

Produção
Rafaela Azevedo

Personagens

Fran
Espectador 1
Espectador 2 (também denominado Homem)
Espectador 3

1

Uma ilha selvagem.

Luz vermelha, fumaça. Música de suspense.

King Kong Fran entra no palco dentro de uma jaula que ela mesmo segura com as mãos, se locomove sobre um skate elétrico. Ela circula pelo palco. Sai da jaula, posiciona-a no centro do palco e desce do skate. A música muda, entra uma versão de "Toxic", da Britney Spears. Fran tira a máscara de gorila e sorri para a plateia. Abre a fantasia de gorila, como num strip-tease, revelando um enorme dildo preso na sua cintaralha. Começa a cantar, usando o dildo como microfone. Número musical.

FRAN:

    Bem que eu te avisei
    Pra não me tocar
    Cuidado, baby
    Você vai se queimar
   É perigoso provar do meu amor

E se depois você se arrepender
Não adianta mais
Pensar em desistir
Depois de um beijo meu
Você vai se perder

Faça tudo que eu mandar
Caladinho, que vou te ensinar
Tira a roupa, baby

Vou te pegar pelo cabelo
Te jogar no chão
Deitar, rolar, te algemar
Subir em cima de você
Fazer você gemer
Que mandou se meter com a Dona do Prazer

Sou a [Franciele]
Feita pra você

E o que eu sei fazer
Vai pra te enlouquecer
Faça tudo que eu mandar
Caladinho que vou te ensinar
Tira a roupa, baby

Vou te pegar pelo cabelo
Te jogar no chão
Deitar, rolar, te algemar
Subir em cima de você

Fazer você gemer
Quem mandou se meter com a Dona do Prazer[1]

Num movimento final da coreografia, Fran gira o dildo no ar e arremessa-o na coxia. Fim da música, aplausos. Ela agradece e manda beijos para o público com a máscara do gorila King Kong na cabeça. Fran gesticula indicando que é impossível ouvi-la sem um microfone. Caminha até um microfone de pé, que está no canto do palco.

FRAN:
Alô! Teste, som! Som! [*observa o público*] Que entrada, hein?... Se chama "Dona do Prazer"... Vocês devem estar se perguntando "O que significa isso?... Uma gorila? Uma jaula? Uma palmeira?"... Sim, tem referência ao número original da Conga, a mulher-gorila. Longe de fazer uma crítica, tá? Mas o número original era muito curto. Cinco minutos. Agora, por exemplo, já teria terminado.

Fran se vira de costas. Fica um tempo imóvel. Volta a falar no microfone.

FRAN:
Pouco, né? Então eu resolvi fazer uma versão estendida. Cujo nome é...

---

1. Versão da letra em português por Forró na Veia.

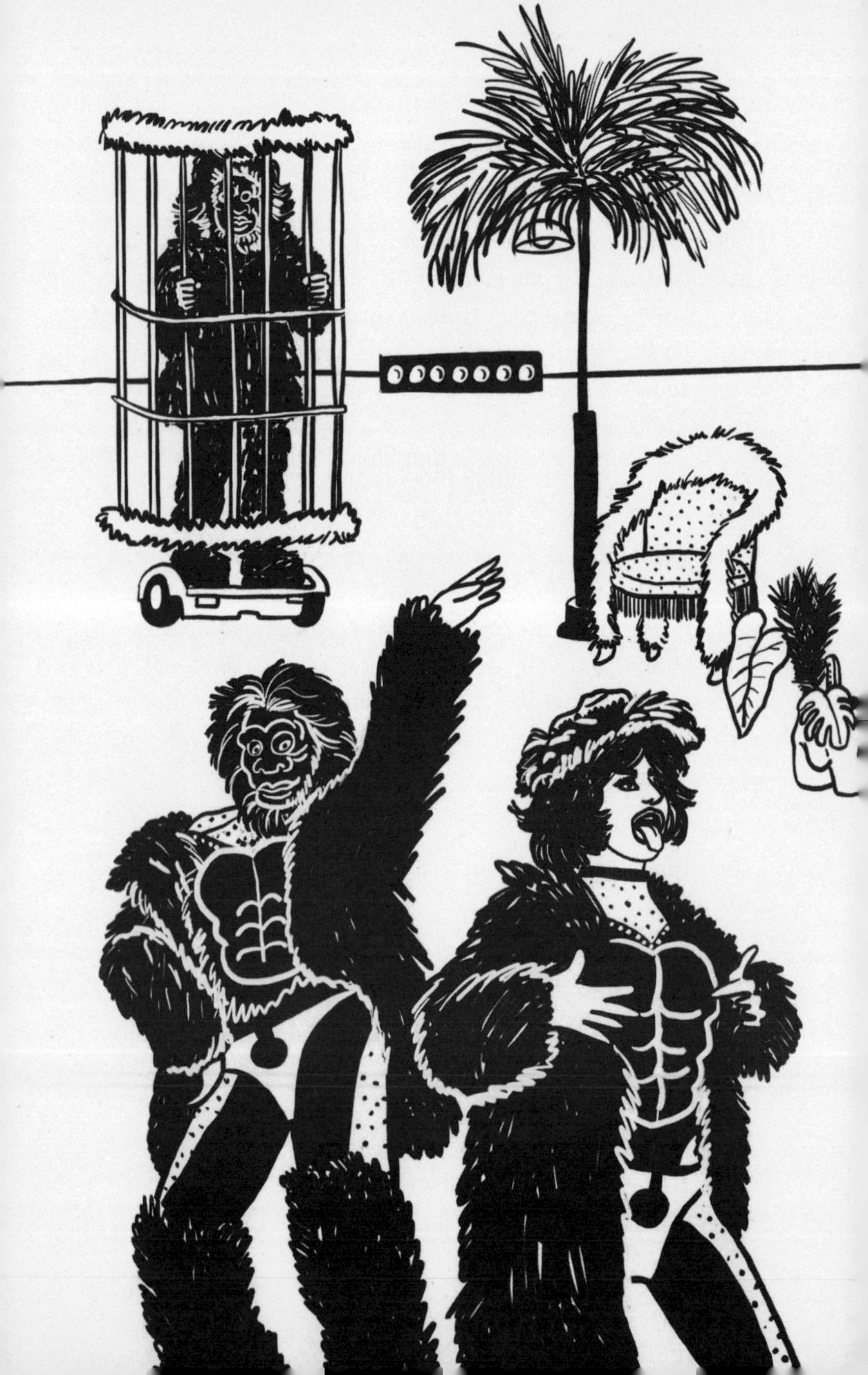

Espera o público dizer o nome do espetáculo.

PÚBLICO:
King Kong Fran.

FRAN:
Isso, está no ingresso. Aos poucos vocês vão pegando. E a minha versão já começa assim!

Ela recoloca a máscara de gorila e avança no proscênio, em direção à plateia, tentando assustá-la. A plateia não reage. Fran tenta novamente. Decepcionada, volta ao microfone.

FRAN:
Não funcionou, né?... Era pra vocês terem se assustado, saído correndo... e as portas do teatro estão trancadas! Ninguém consegue sair! Catarse, sabe? Terror!... Tudo bem. Vou ter que improvisar, então. [*ela tira o microfone do pedestal e passeia pelo palco, observando atentamente os espectadores*] Vocês sabiam que eu já matei um homem? [*respira no microfone, som gutural de gorila*] Na verdade, foram 18 homens. Com minhas próprias mãos. Todos sentadinhos, assim, em poltronas de teatro... Ficaram com medo agora? [*gargalha*]

Ela aponta para um espectador na plateia.

FRAN:
Você. É, você, lindo menino. Poderia, por gentileza, trocar de lugar com ela? Você se incomoda?

Espectador 1, escolhido aleatoriamente entre o público, troca de lugar com uma espectadora. Fran observa a caminhada dele, comenta.

FRAN:
Nooooossa, corpão, né?

Ela aponta para outro homem.

FRAN:
Você. É, você, gostoso, você mesmo. Poderia trocar com ela?

Espectador 2 troca de lugar com outra espectadora, e forma um trio com Espectador 1 e Espectador 3. Fran fala com a operadora de som.

FRAN:
Jô, por gentileza, música de descida...

Uma trilha animada para a descida de Fran até a plateia, ela desce pela escada do proscênio.

FRAN:
Muito obrigada. [*respira no microfone, som gutural de gorila, enquanto analisa o grupo formado por Espectador 1, Espectador 2 e Espectador 3*] Boa noite... Olha esse aqui, gente, [*aponta para Espectador 1*], tá com a camisa aberta... vocês sabem o que isso

quer dizer, né? O que ele tá querendo... que eu avance! Ih, esse pernão de fora? Pode dar uma levantadinha pra todos te verem? [*Espectador 1 se levanta — ou não*] Agora tá se fazendo de tímido. Mas por que veio de camisa aberta e calça curta? Isso é código que eu sei... quer me provocar! [*passa a mão no corpo do espectador*] Pode sentar, lindo.

Fran vai até Espectador 2.

FRAN:
Olha, outro pernão... posso ver se a mala tá marcando?

Fran reage irritada, indicando que a "mala" não está marcando.

FRAN:
[*para Espectador 3*] Deixa eu ver sua mala? [*ela fica ainda mais irritada e vai até outro espectador*] Por favor? [*som gutural*] Meu Deus! Por que sentaram na primeira fileira?... Tem alguma mala marcando aí nas fileiras de trás? Nenhuma? Gente, sinceramente... Por que vieram? "Ah, eu vim ver o show da Fran." Não precisava. Ficassem em casa esperando, fazendo o nosso jantar. Olha quantas mulheres aqui maravilhosas vieram ver o show. Por exemplo, com as mulheres a gente olha nessa linha. É mais forte, é uma coisa nossa, de instinto, sabe? [*olha para uma mulher na altura dos olhos*] Boa noite, meu amor, tudo bem? Ê, lindas! Com o homem, o olhar já desce [*olha na direção do pênis do espectador*] Se não está com a mala marcando... não sai de casa!

Fran volta para o palco.

FRAN:

"Aaahh, porque a Fran é misândrica." Vocês podem tá pensando isso agora... Não sou. Eu sou exigente, é muito diferente. E pra provar que eu não tenho nada contra vocês... [*aponta para os homens*]

Fran vai até a coxia e pega uma tela de projeção.

FRAN:

Eu vou ensinar como um homem deve se comportar! [*aponta para a tela de projeção e ordena*] Roda as imagens!

Projeção de imagens de homens sarados sem camisa, lavando um carro. Música. Eles brincam com a espuma do sabão. Em seguida, três homens de sunga num banheiro, seduzindo a câmera. Enquanto assiste a essas imagens, Fran faz comentários e se esfrega no chão. Vai se esfregando até gozar, bem rápido, guturalmente.

FRAN:

Aaaaahrrrrrrrrghhhhhh! [*olha para a plateia, sorri*] É que eu sou ejaculadora precoce... [*olha para os três homens na projeção, olha para o grupo de três espectadores na plateia*] Três homens ali, três homens aqui. Coincidência, né? [*respira no microfone*] Vocês tão entendendo? Por gentileza, meninos lindos. [*ri*] Vocês três, podem se levantar?

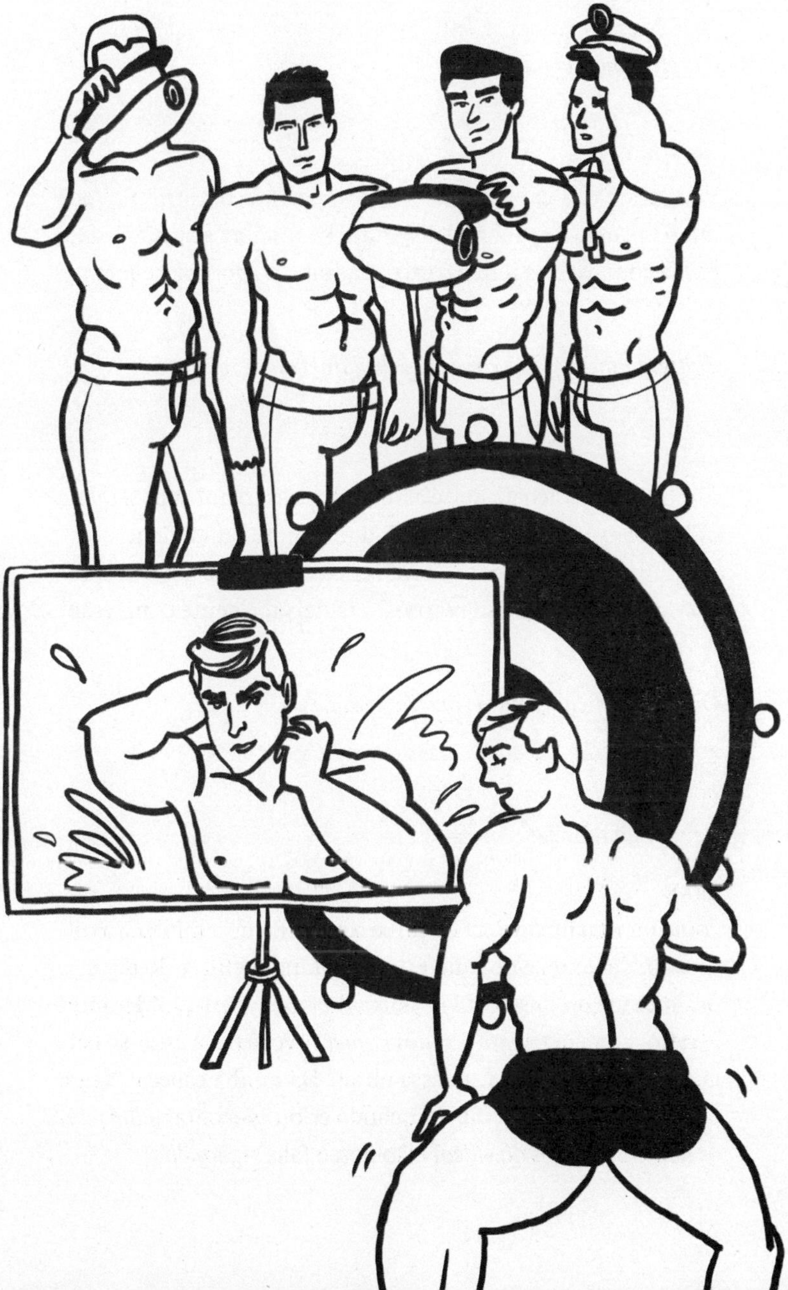

Os três espectadores se levantam. Fran começa a guiá-los, para que eles comecem a se tocar.

FRAN:
Você pode colocar a mão no ombro dele? Isso, retribui. Você também, mão no ombro dele. Muito bem, agora acaricia. Isso!... barba com barba agora... rosto coladinho... agora se beijem.

Os três homens possivelmente se beijam apenas no rosto.

FRAN:
Ahhhh... vocês acham que é assim que eles fariam? [*aponta para os homens sarados do vídeo, ri*] É que a gente tem fetiche, coisa de mulher, sabe? A gente adora ver os homens se pegando. Vocês poderiam fazer isso por nós? Pra deixar a gente com tesão?

Os homens ficam muito constrangidos.

PÚBLICO:
Beija! Beija! Beija!

FRAN:
Estão constrangidos?... Podem se sentar. É que a minha... a minha obra acontece no limiar do constrangimento e do terror... pra metade do público! Pra outra metade é curtição! Humor, gênero: comédia. [*para um dos homens*] Você deve estar se perguntando: "De onde vem essa obra?" Da minha cabeça! "Fran, onde você tava com a cabeça quando criou essa obra? [*olha para os homens sarados do vídeo*] Não posso falar! [*gargalha*]

Fran continua falando, enquanto vai buscar uma poltrona felpuda na coxia.

FRAN:

A imprensa tá toda atrás de mim, tá? "Fran, de onde veio *King Kong Fran*? Quais são os significados da sua obra?" Calma! Eu vou falar.

Ela se senta na poltrona, ao lado de uma palmeira com folhas rosa, que funciona também como uma luminária de pé.

FRAN:
Só precisava de um local adequado. Com a palavra: Fran!... [*atmosfera de entrevista com artista conceitual*] Quando criei *King Kong Fran*, eu estava pensando em parar... parar! Chocante, né, gente? Aí eu liguei pra uma amiga minha, Marina. Não sei se vocês conhecem, Abramović. Virei pra ela e falei: "Ma!" Ela fez: "Frrran!" Que ela é tcheca, né?, tem sotaque. Falei: "Oi, linda." Já vou traduzindo, pra vocês irem pegando. "Oi, linda." "Oi, linda." "Tudo bom?" "Tudo bom." "Ai, Ma, eu tô pensando em parar." "O quê!?" "Ah, tô me sentindo muito sem lugar, sem espaço." Ela fez: "Sabe qual é o seu problema? Você vai ficar a vida inteira fazendo humor, humor, humor? Palhaçadinha, numerozinho de cinco minutos?" [*para a plateia*] Nós já estamos o quê? Em 15, né? Já estendi... Aí ela: "Fran, cadê a sua contradição!? Cadê o seu ódio? Cadê a sua revolta? Vem pra performance, Fran. Vai pesquisaaaaaaarrrrrrrrr!" E desligou.

Então eu fui no Google. E tinha um filme homônimo [*sussurra*], *King Kong*. Vocês já viram? Tem duas horas e meia,

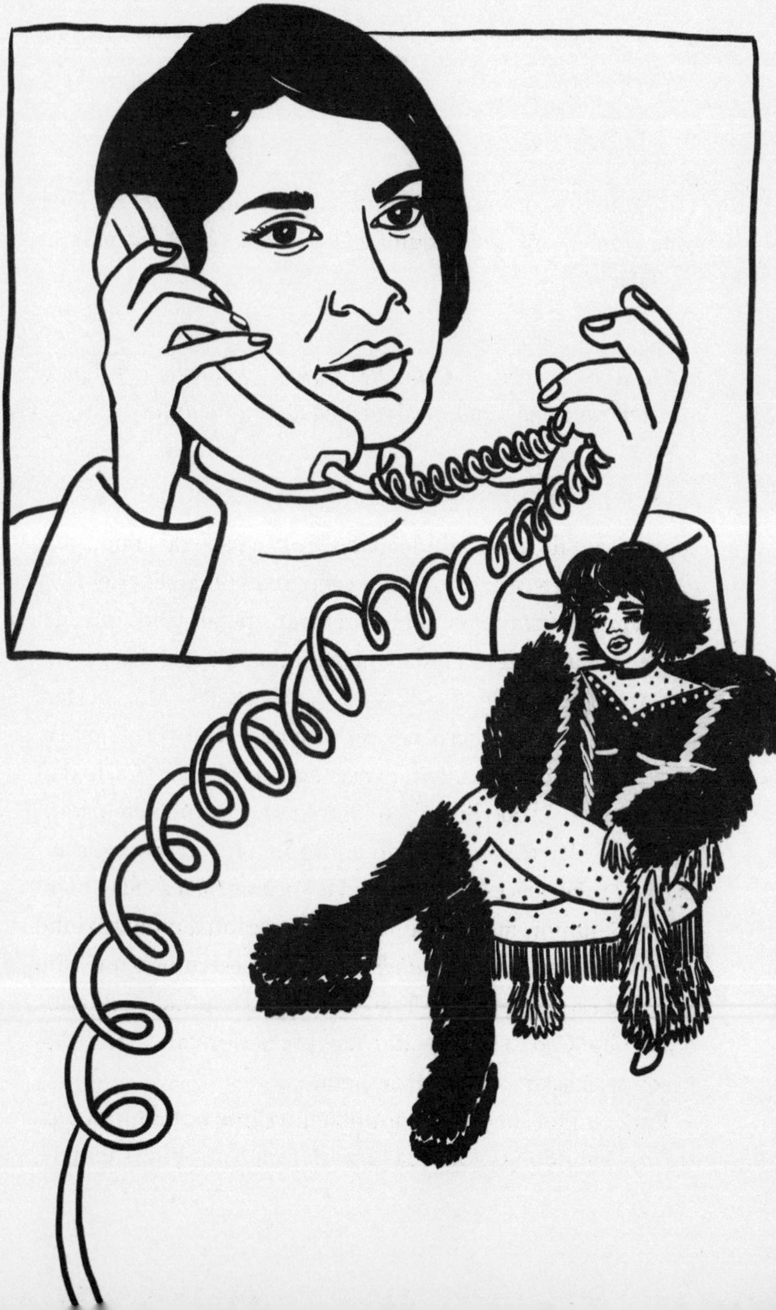

enooooorme. Eu pensei: "Ok, vou agregar. Vou usar como ref — de referência." "Ah, Fran, mas eu não assisti a essa película audiovisual [*sussurrando*], King Kong. Eu vou conseguir acompanhar todas as camadas e complexidades da sua obra?" [*silêncio*] Não sei. [*ri*] Pensando nisso eu preparei um resumo, para democratizar minha obra. Com vocês, o resumo da minha primeira ref.

Fran guarda a tela de projeção enquanto cantarola. Veste a máscara do King Kong e dá o sinal para a operadora de som.

Entra a voz em off *de Fran narrando a versão dela do filme* King Kong. *Mudança de luz.*

Durante esta cena, Fran faz uma pantomima ilustrando toda a história, enquanto ouvimos a voz dela em off.

FRAN:
[*em* off] King Kong — O filme. Em uma ilha vivia King Kong, o Rei Kong. De boa. Ele pega um galhozinho, come um galhozinho, come uma folhinha. Tem a galera dele, tipo uma *fan base* que vivia com ele lá. Muá muá muá. [*som de beijo*] Adoro vocês, amo vocês. [*para a plateia*] Guardaram essa imagem de paz?

Fran vai para outra área do palco.

FRAN:
[*em* off] Em Nova York, uma atriz loira, lá num teatro. "*I love* teatro, *I love*! *I love* teatro!" O teatro fechou, faliu! Perdeu tudo! Vejam a história da atriz que está morando de aluguel! "Ai, o

que eu faço, o que eu faço?" Vai fazer sacanagem. "Sacanagem? Ir pra casa de sacanagem? Não vou! Eu sou do teatro, não faço sacanagem!"... e sentiu fome. Pensou: "Meu Deus, vou fazer sacanagem, vou fazer sacanagem. NÃO VOU fazer sacanagem!" Mas a fome foi maior, estava passando na rua, viu uma barraquinha de frutas. Pah! Tentou roubar uma maçã, o dono da barraca viu. Não aliviou: "O que é isso? Ladrona! Pega ladrona, pega ladrona, pega ladrona!" Confusão, gritaria... guardem essa imagem. Vamos aqui pra um terceiro take:

Fran vai para outro ponto do palco.

FRAN:
Em Nova York: o diretor de cinema! Tentando muito vender o filme dele. O texto que ele tava dando pros patrocinadores: "Oi, *amore*, eu quero muito fazer meu filme. Meu filme vai ser gravado numa ilha." Ih, ó o spoiler que eu dei aqui: numa ILHA! Conectaram? Então os patrocinadores: "Que doido, o cara. Nada a ver, não, não. Não confio, não confio nesse homem. Não confio nesse homem" Fecharam as portas pra ele. "O que é isso? O que é isso? Por favor, deixa eu fazer meu filme!" Saiu indignado pela rua. "Aaah!" Louco, louco, louco. "Eu preciso fazer meu filme!" Muito triste. Com mil ideias na cabeça. E viu a confusão na barraquinha. Foi lá ver o que tava acontecendo. Entendeu. "Ai, meu Deus, a loira tá com fome... toma aqui uma moeda, moço, para de graça." Pagou o boy lá da barraquinha e falou pra loira: "Come aí teu negócio." Mas quando olhou pra ela, tudo se i-lu-mi-nou: "Meu deus, é ela! A atriz do meu filme na *ilha*." Humm, viu gente. Isso é dramaturgia, conectaram os três ambientes?

Então ele falou: "Vamos, vou te levar pra jantar." A loira já meio assim, né?: "Tô com fome, vou aceitar. Mas o que que esse boy tá querendo?" Eles tão lá comendo, tão lá jantando. "Linda. É... queria muito te convidar pra fazer meu filme. Gostaria?" Ela pensou, olhou ele de cima a baixo, pensou: "Cara, quando o homem oferece coisa demais, a gente sabe o que ele quer, né? [*aponta para a buceta*] Humm... não vou fazer esse boy, não!" E ele: "O que é isso, o que é isso?" Ela percebeu, né? Que ele tava com segundas intenções. E ele falou: "Não, eu sou honesto! Eu sou honesto!" Ele fazia parte do 1%. Vou resumir aqui. Arrumaram as malinhas e entraram no barco.

Fran faz a pantomima de entrar num barco.

FRAN:
[*em* off] Quando entraram no barco: boy, boy, boy, boy, boy, boy, boy, boy, boy, boy, boy, boy, boy. E só a loira de mulher. Ela foi corajosa e entrou. Eu JAMAIS entraria nesse barco. Mas ela entrou... e chegaram na ilha.

Fran volta para a área do palco que representa a ilha.

FRAN:
[*em* off] Conectaram? Lá na ilha, de boa, King Kong. Quando King Kong olhou aquilo, ele viu: boy, boy, boy, boy e uma gata!? Falou: "Amores!" Chamou a *fan base* dele: "Gente, atenção! Peguem aquela gata. Vamos salvar aquela gata. Como assim? Como assim? Um barco cheio de homem com UMA GATA?

Não, isso vai dar merda. Eu sei que vai dar merda." Eles falavam na língua deles, mas eles se entendiam.

A *fan base*: "Bora salvar a gata." Foram lá e pegaram a gata pro King Kong. Aí King Kong pegou. E foi só amor, gente. Deu umas sacudidas nela. Normal, né? Era o jeito dele. E ficaram brincando, pegando na mãozinha, dando beijinho. Ela dançava, ele dançava. Migos.

Os boys do barco ficaram: "Não! A gente não aceita! A gente não aceita perder!"

Parece até uma galera que a gente conhece, daqui do Brasil. Que não aceita perder, democraticamente... "Vamos pegar, vamos pegar ela." Armaram um plano. Um plano horrível, devo adiantar pra vocês. E o diretor disse: "Tive uma ideia!" Também horrível. Que era pegar o King Kong também. Armaram uma isca, foram lá, pegaram, conseguiram pegar a loira, conseguiram pegar o King Kong. Jogaram ele no barquinho, cheio de remédio, bem dopado.

Fran entra na jaula, no meio do palco. Um foco de luz sobre a jaula.

FRAN:
[*em* off] De repente ele acorda, *New York, New York*, o King Kong estava na Broadway. "Amores, o que é isso? O que eu estou fazendo aqui na Broadway?" Ficou procurando a loira. "O quê? A loira tá ali." Aí caiu em si, sabe? Caiu em si. "Eu tô na Broadway? QUE CAFONA! Eu quero sair daqui!" Ficou tentando tirar as correntes, tirou as correntes, foi um burburinho. O público: "Meu Deus, meu Deus! King Kong se soltou!" E ele saiu quebrando tudo, pela porta da frente do teatro. Foi embora. E na

rua pisava em carros, pisava em moto, pisava em casas. Não era culpa dele, era o único sensato, na verdade, de toda Nova York. Subiu num prédio e falou: "QUE GENTE CHATA! Vou subir nesse prédio aqui pra tentar voltar pra minha ilha." E surgem aviões, aviões, bombardeios em cima de King Kong. De repente, um avião atingiu a barriga dele.

Entra uma trilha sonora dramática. King Kong Fran cambaleia pelo palco e cai morta no chão. Mudança de luz. Fran, deitada, tira a máscara do rosto.

FRAN:
Que história horrível!... Mas eu vou me vingar, King Kong, onde quer que você esteja, essa obra também é pra você!

Fran se levanta e caminha na direção do microfone de pé.

FRAN:
Essa cena mexe tanto comigo. Tinha que estar no fim do espetáculo, eu fico arrasada... e é ficção. Era eu fazendo todas as personagens. No teatro a gente chama de trabalho de corpo... é ficção e nós ficamos assim, mexidos... Imaginem com uma história real? A segunda ref é uma história REAL. [*Fran faz uma pausa dramática*] Segura a curiosidade!

Fran vai buscar novamente a pequena tela de projeção. Volta ao palco.

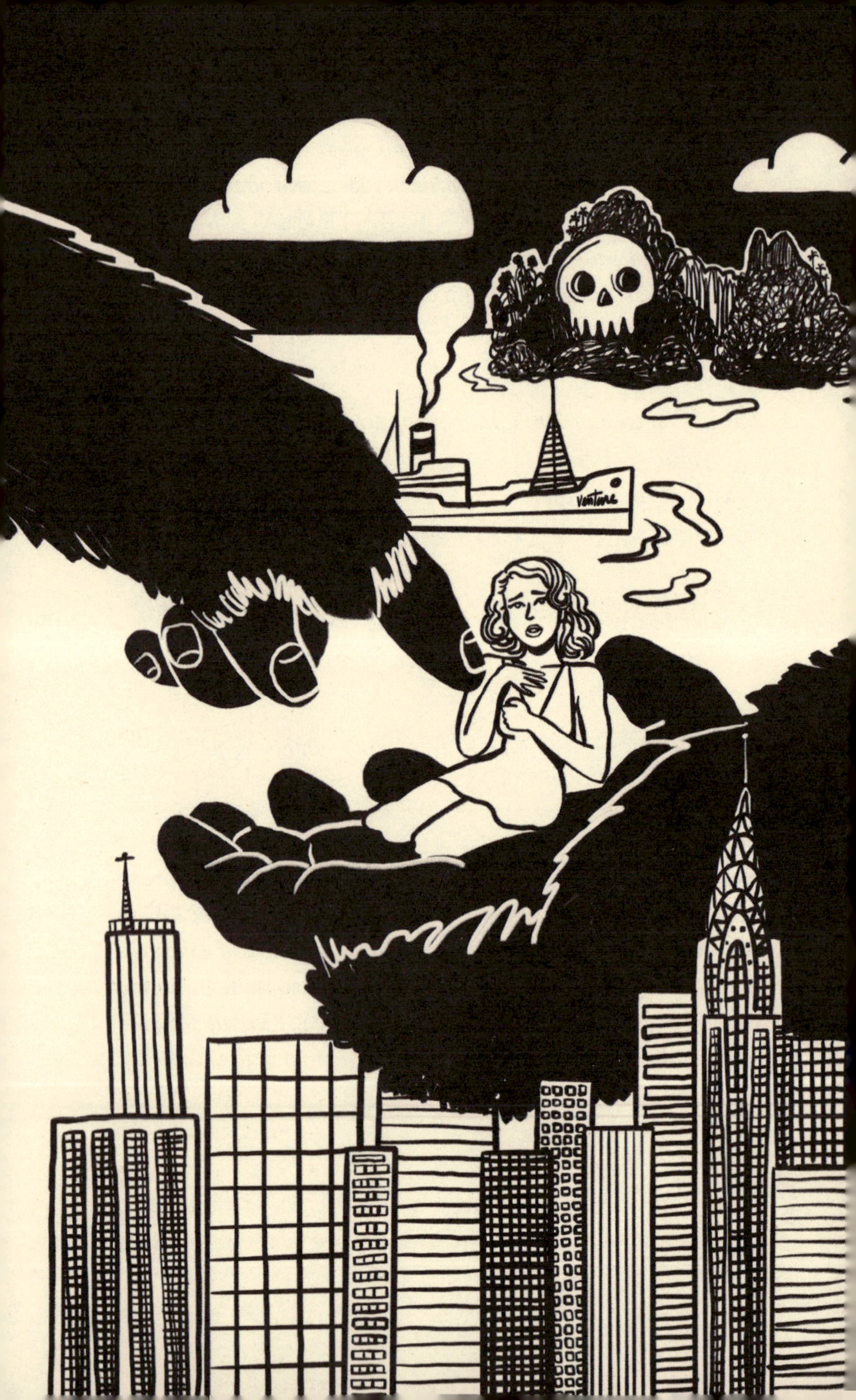
Venture

FRAN:
Eu vou contar pra vocês *A verdadeira história da mulher-gorila*. Roda as imagens!

Na tela de projeção, imagem de um corpo sarado masculino, sem rosto, só de cueca.

FRAN:
Passa [*outra projeção de um corpo masculino de cueca*], passa [*outra imagem*], PASSA!

Aparece na tela o letreiro: "PALESTRA".

FRAN:
Palestra. Em 1837, [*aparece a data na tela: "1837"*] vivia Julia. [*imagem da palavra "Julia" na tela*] Tem alguma Julia na plateia? Poderia ser com você, comigo, com todas nós... Qual era a questão de Julia? Julia tinha pelos pelo corpo. [*volta a falar com o trio de homens na plateia*] Você tem pelos no rosto, né? Imagine só, um homem olha pra você e diz: "Meu Deus, que aberração! Vou comprar esse homem, vou botar numa jaula e ficar exibindo, ganhando dinheiro com ele." Você acha isso correto? Não, né? Fizeram isso com Julia. Um homem [*projeção na tela: "1 HT"*] olhou Julia, cheia de pelos, e fez: "Ai, que nojo, que aberração!" Comprou a mulher, colocou na jaula e ficou ganhando dinheiro com ela. Não satisfeito em explorar a existência de Julia, ele pensou: "Pô, vou explorar sexualmente também." Engravidou Julia, e ela não podia ter filhos. Ela e o bebê morreram no parto. Horrível, né? Não acabou. Ele embalsamou os corpos e vendeu

pra outro empresário que ficou exibindo os corpos embalsamados. Quando ele viu que o outro empresário estava ganhando muito dinheiro, comprou de volta os corpos e colocou no circo dele, exibindo a Julia e o bebê mortos e embalsamados. A história diz que nesse momento ele enlouqueceu — [*irônica*] porque até aí tava tudo bem, né?... Ele então pegou todo o dinheiro que ganhou explorando a Julia, colocou numa mala, foi pra beira de um rio e se matoouuu!

Projeção na tela: "Se matou." Fran olha para a plateia. Tempo.

FRAN:
Pesado, né? [*pausa*] Essa cena foi ideia da Marina. Eu falei: "Ma, deixa eu ficar no meu skatinho. *I'm a clown*. Leveza profunda." E ela: "Profundidade, Fran! Contradição! Primeira ref: Ficção! Segunda ref: História real! Terceira ref: Um depoimento, pessoal, conceitual, histórico!"
    Então eu vou contar a história de uma amiga minha. Era muito linda ela, um metro e sessenta e sete, sem salto, cabelinho chanel preto, magnética, ninguém conseguia parar de olhar pra ela. Um belo dia ela conheceu um circo...

Mudança de luz. Atmosfera circence.

FRAN:
"Oh, que bacana, quero trabalhar aqui." Foi falar com o dono do circo. Tinha uma moça que ficava na porta: "Oi, *amore*, tudo bom? Poderia chamar o dono?" Aí ele veio.

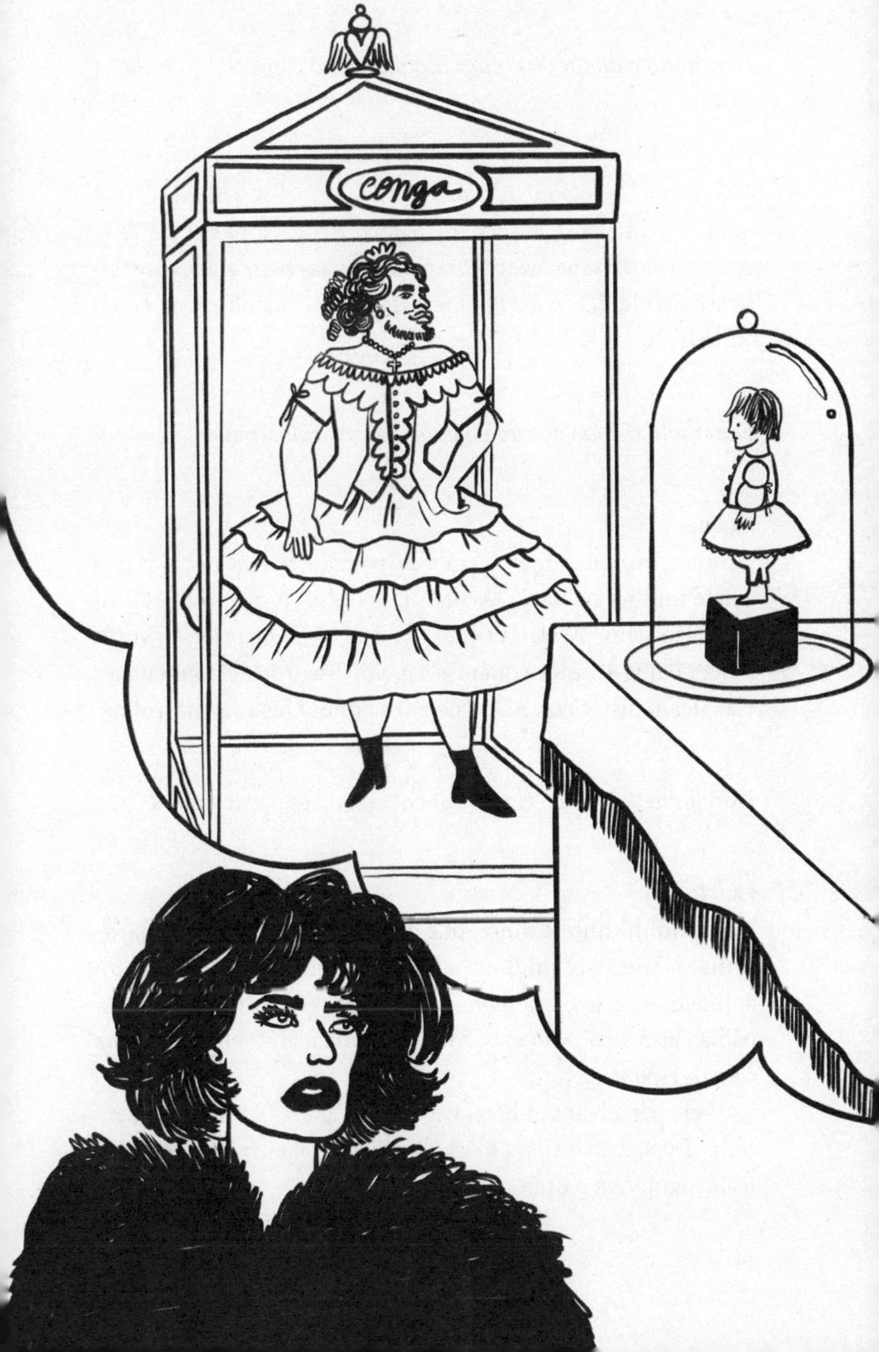
conga

Fran imita o andar do dono, chegando para conversar com ela.

FRAN:
"Oi, *amore*." — o dono. Aí ela: "Oi, *amore*." "Tudo bom?" "Tudo bom." "O que você deseja?" "Gostaria de trabalhar aqui." "Ah, é? O que você sabe fazer? Quais são as suas habilidades específicas?" Aí ela: [*Fran faz um gesto de colocar um objeto na mesa*] "Currículo."

Fran imita o dono do circo olhando o currículo, com desdém.

FRAN:
"Humor, humor, humor... palhaça, palhaça, palhaça...? Mas não existe mulher palhaça." Aí ela: "Discordo." Aí ele: "O quê?" Aí ela: "Não acho." Aí ele: "O quê?" Aí ela: "É." [*para a plateia*] Vocês sabem o que acontece quando a gente discorda de homem, né? Eles ficam histéricos. Ai, começou a famosa histeria masculina.

Fran imita o dono do circo, rodando, num ataque de nervos.

FRAN:
"Ahhhhhhhhhhh! Como você ousa discordar de mim, garotinha! Não existe mulher palhaça! Porque o meu bisavô era palhaço, meu avô era palhaço, meu pai era palhaço e eu sou palhaaaaaaaaço! Não existe mulher palhaça!" E ela assim: [*faz cara de espanto*].

 Aí ele percebeu também, caiu em si, e fez: "Perdão... me excedi." Depois da histeria masculina vocês sabem o que vem, né? É clássico! Vem o drama.

Fran imita o dono do circo chorando, bem dramático.

FRAN:
"Por favor, me perdoa! Eu estou em desconstrução... é muito difícil carregar a tradição do circo nas costas." [*ela responde*] "De boa, seu momento."

Ele foi chegando pra perto dela e ela se afastando. Eu, hein, homem histérico. E ele veio, veio, veio, parou e falou: [*sincero, doce*] "Mas eu vou te ensinar o que uma mulher pode fazer no circo... você pode vestir uma sapatilha de ponta e se equilibrar em cima de um cavalo em movimento, olha que bacana. Melhor ainda, você pode, com a mesma sapatilha de ponta, se equilibrar num fio a 5 metros de altura. Se cair, você morre. Outra ideia melhor. Vou botar um biquininho em você, bem brilhante. E você vai ficar na frente de um alvo e um homem vai atirar facas em você. Se ele errar, você também morre... vem trabalhar com a gente. Vem pra nossa família."

Fran respira. Olha para a plateia.

FRAN:
Nessa hora ela chegou no limite dela. Fez: "XIU. Primeiro você não vai me dizer o que eu devo fazer." E mi-li-tou. [*falando com o dono do circo*] "Porque a mulher... mulher, mulher, mulher, mulher. Mulher, mulher, mulher, mulher!"

Imita o dono do circo boquiaberto.

FRAN:
"Mulher, mulher, mulher! Mulher, mulher, mulher, mulher..."

Dono do circo boquiaberto.

FRAN:
"Mulher, mulher, mulher." Ela deu o texto dela e saiu pela porta da frente. Olhou pra trás e falou: "Bom espetáculo, número 5..." [*para a plateia, cúmplice*] Vocês se lembram que foram 18, não é?... [*retoma a narração*] O que ele não sabia, é que ela tinha um plano...

Mudança de atmosfera, uma luz noturna iluminando o circo. Música de suspense.

FRAN:
Madrugada! [*Fran pega uma garrafa de plástico perto da palmeira*] Álcool 70! Ela jogava álcool em torno do circo. Enquanto realizava essa ação, proferia as seguintes palavras:
 "Vai tomar no cu, seu filho da puta! Vai pro caralho, seu merda!" Ela tinha um cigarro. Aceso! [*Fran tira um cigarro do bolso, faz a ação de tragar e joga o cigarro no circo, que é tomado por uma luz vermelha*].

FRAN:
Foooooooooooogooooooooooooo!

A música cresce em dramaticidade. Fran joga mais álcool no circo. Momento épico. Um som de explosão, Fran em posição de final de número musical.

FRAN:
Eu coloquei, [*corrige*] ela colocou, fogo no circo tradicional!

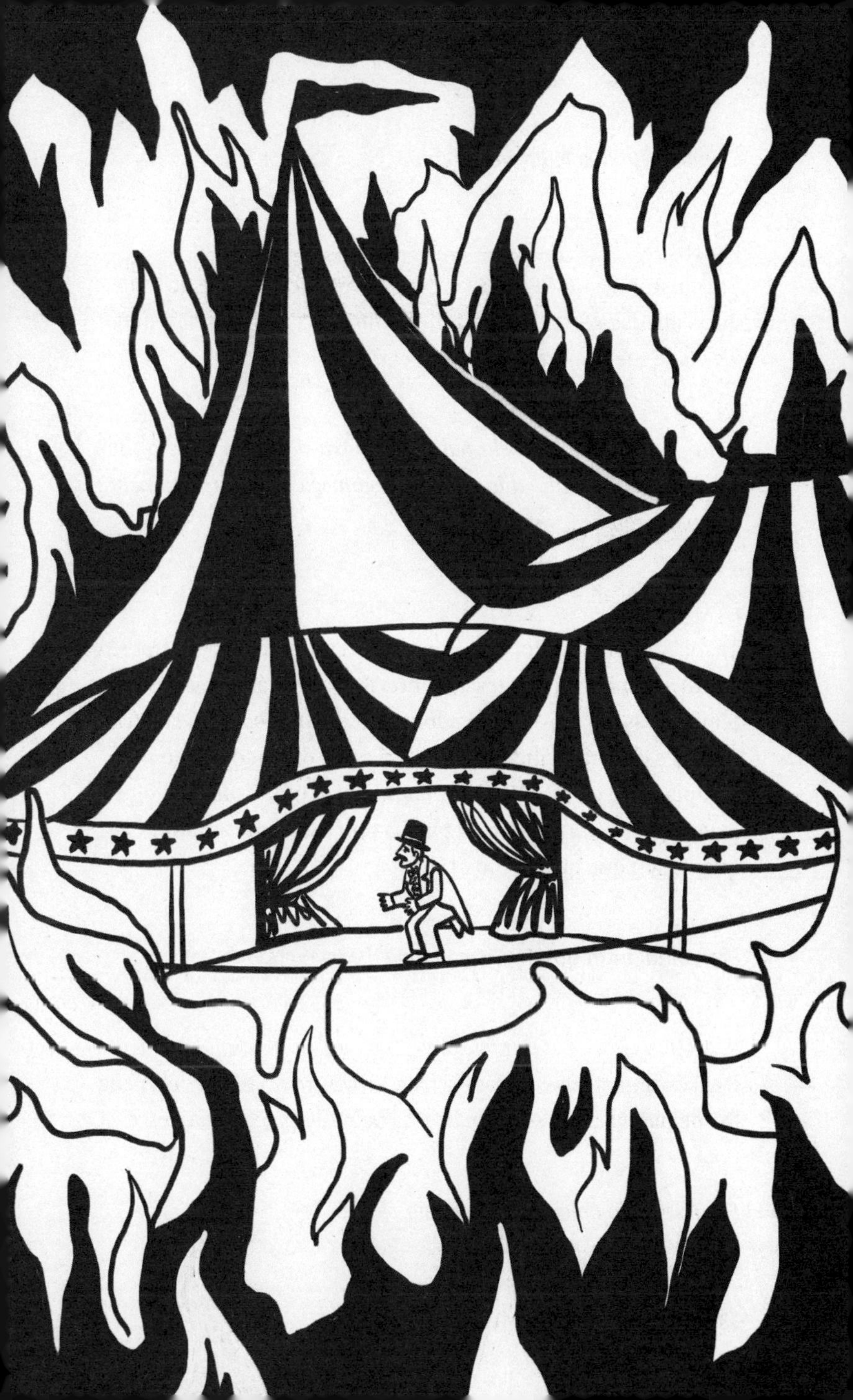

O público aplaude. Pequeno tempo.

FRAN:
Essa história é quase toda verdade, tirando essa parte do fogo... que é apenas desejo. Fantasia. [*olha ao redor, procurando o dildo*] Ué, cadê meu microfone de plateia?

Fran procura o dildo pelo palco, encontra-o e volta para o centro da cena. Coloca o dildo na cinta, começa a usá-lo novamente como microfone.

FRAN:
Teste, som, testando! Vocês estão ouvindo aí atrás? [*resposta positiva da plateia*] Impressionante, isso aqui dá uma voz. Basta ter um desse. É um amplificador natural. [*sorri, observa a plateia*] Às vezes eles não sabem nem o que estão dizendo e todo mundo aplaude e grita: MITO! Aí eu comprei um! Comprei logo o maior que tinha. Alguém na plateia tem um amplificador maior que o meu que queira mostrar?

Fran olha, misteriosa, para a plateia. Pequeno tempo.

FRAN:
E ela caminha pelo palco... ela para no centro do palco... ela pede luz de plateia... ela se aproxima da beira do palco... ela desce.

Fran desce do palco para a plateia.

FRAN:

Ela troca um olhar de cumplicidade com as mulheres... desafiador com os homens!

Fran vai até o trio de espectadores.

FRAN:

Pode segurar pra mim? [*oferece o dildo para um dos homens do trio de espectadores da plateia segurar*] É que eu preciso ajeitar meu cabelo. [*enquanto Homem segura o dildo, Fran começa a assediá-lo passando a mão nele*] Você é bem bonito, eu não tinha reparado bem. [*para o público*] Vocês estão vendo bem o corpo dele?

Público responde.

FRAN:

Ah, eu gostaria tanto que todo o público pudesse te ver. Assim, de corpo inteiro. Poderia se levantar? [*Homem se levanta*] Estão vendo? [*público responde*] Estão vendo bem? [*público responde*]

FRAN:

[*para Homem*] Eu queria que todas pudessem te ver inteiro, todos os detalhes do seu corpo. Você é tão bonito... Olha só, tem um lugar aqui nesse teatro que é privilegiado. [*olha para o palco*] Poderia fazer essa gentileza de me acompanhar até lá?

Homem responde positivamente. Fran indica a escada.

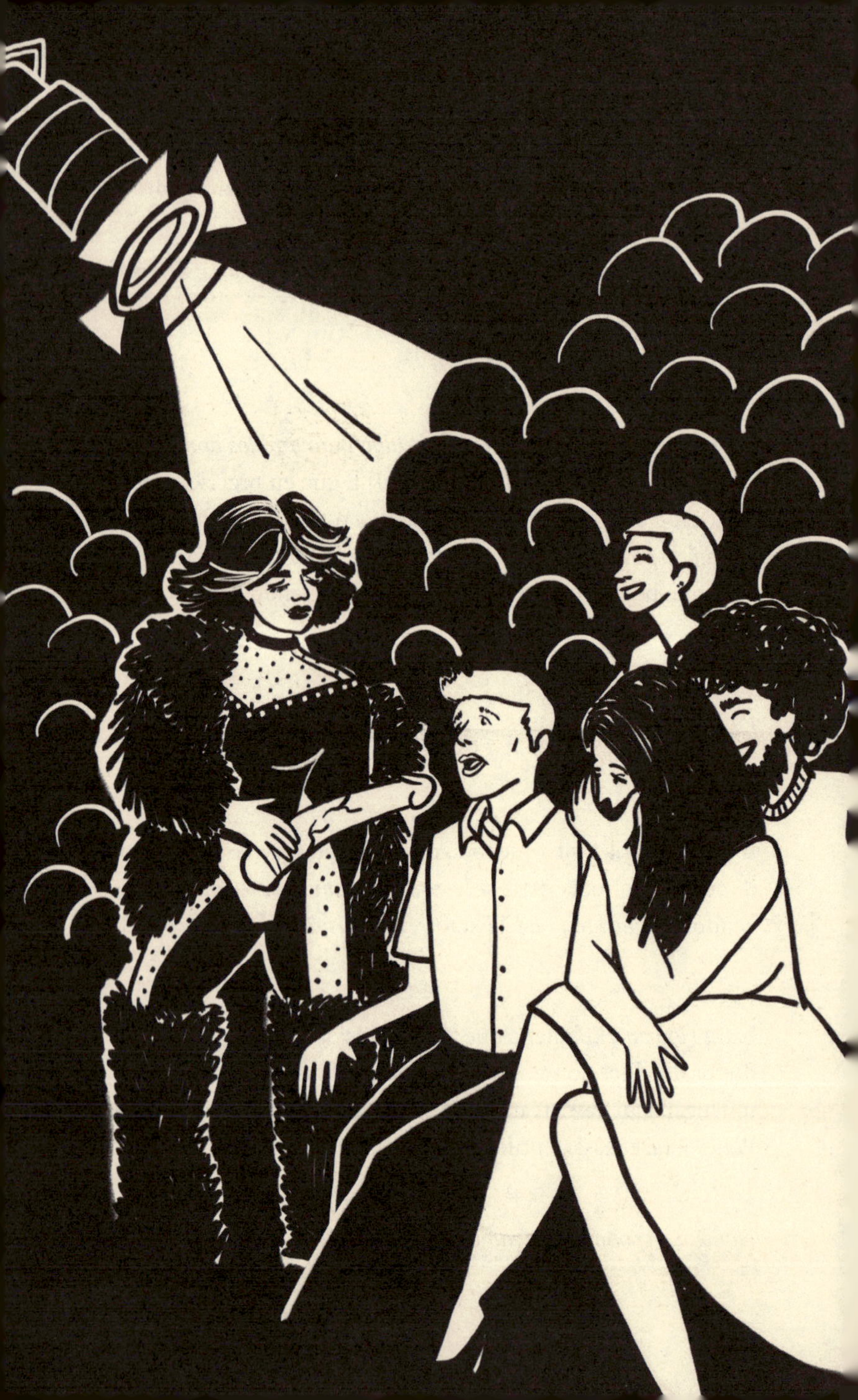

FRAN:
Primeiro os homens...

Fran observa Homem subir no palco.

FRAN:
[*para o público*] Nossa, foi sozinho, sem minha ajuda. Que independente! Você é acima da média, tá? Muito lindo! Que amor!

Fran sobe para o palco e se coloca ao lado de Homem.

FRAN:
[*olhando Homem como se olhasse um produto*] Pode dar uma giradinha?
[*para o público*] Gostaram? [*aponta para o peito de Homem*] Posso? [*Homem faz que sim. Fran toca um dos peitos dele. Aponta para o outro peito do Homem*] Posso? [*Homem faz que sim, Fran toca o peito dele. Fran aponta para o pênis de Homem*] Posso? [*Homem faz que sim. Fran toca no pênis dele. Olha para o público, aponta para o seu dildo*] Não se compara com o meu!

Público ri.

FRAN:
Pra ninguém falar "ah, a Fran tá objetificando o rapaz", eu vou perguntar seu nome. Seu nome? [*indica para Homen falar no microfone-dildo*]

Homem responde.

FRAN:
[*piscando para o público*] Escutaram aí atrás? [*público responde que não*] Tem que chegar com a boca bem perto do microfone. Posso te ajudar?

Fran coloca a mão na cabeça do rapaz e aproxima o rosto dele do microfone-dildo. Homem, bem constrangido, repete o próprio nome.

FRAN:
Tem profissão?

Homem responde.

FRAN:
Você sabia que eu tô bombando, né? Lotando todos os teatros em minutos. Sou o momento! Uma referência! Eu posso te abrir muitos caminhos na sua e em qualquer profissão... topa fazer um jogo comigo? Pergunta e resposta. Bem simples. Se você acertar as perguntas, você ganha um prêmio. Se você errar... você morre. "Com minhas próprias mãos." Vamos lá. Tem que falar bem perto do microfone...
Primeira pergunta. Vamos supor que estamos numa festa, e tem uma mulher que você gostou. Mas ela não olhou pra você. Você vai lá e puxa ela pelo braço?

Homem responde.

FRAN:
Pelo cabelo?

Homem responde.

FRAN:
Pela camisa?

Homem responde.

FRAN:
Segunda pergunta. Uma mulher tá te irritando muito. Muito. "Aaai, que mulher chata!" Tô fazendo você: "Ai que chata!!!" Aí você vai lá e dá um empurrão nela. Tá te irritando muito. Muito chata. Já fez isso? Agrediu fisicamente uma mulher?

HOMEM:
Não.

FRAN:
E psicologicamente... já agrediu alguma mulher?

HOMEM:
... sim.

FRAN:
E emocionalmente?

HOMEM:
... sim.

FRAN:
Vamos pra última pergunta. Tamo lá nós dois na atividade sexual. E aí tem aquele plástico chato, sabe? Que atrapalha! Aquele preservativo... camisinha... nossa, incomoda muito, né? Aí você vai e tira a camisinha, sem me avisar... [*muito irônica*] afinal eu tô muito longe pra você ir lá me falar: "Fran, posso tirar a camisinha?" É mais fácil tirar e depois avisar, né? O que você acha? Já fez isso?

HOMEM:
Não...

FRAN:
Que bom. Porque isso é crime! Chama estupro. Você sabia? [*para o público*] Vocês sabiam?

Homem e público respondem.

FRAN:
As perguntas acabaram e na minha avaliação você não perdeu esse jogo, você ganhou!
E o prêmio é... participar! Até o final! Agora não é mais um solo, é um duo. Vamos decidir tudo juntos. O que você acha de agora ter uma cena de *strip-tease*? Assim, bem sexy pra abrir esse segundo ato, esse novo momento do espetáculo que agora não é só meu, é nosso.

Homem consente com um movimento de cabeça que acha uma boa ideia uma cena de strip-tease.

Fran se senta na poltrona felpuda e deixa o homem sozinho no centro do palco.

FRAN:
Quero uma dança bem sexy e quero que tire tudo! Joana, música de *strip-tease*!

Música dance de strip, *animada. A plateia grita, bate palmas. O Homem hesita, sem graça. Percebe que é ele quem tem que fazer o* strip-tease.

FRAN:
Você achou mesmo que era eu quem faria o *strip-tease*? Você está assistindo ao espetáculo?... Desde o início?

Como parece não haver outra saída, Homem começa a fazer um strip-tease.

FRAN:
Vai, rebola! Isso! Gostoso!

Homem vai tirando a roupa, até ficar apenas de cueca. Durante o strip *ele pode se animar, ganhando confiança.*

FRAN:
Agora fica de quatro. Latindo!

Homem fica de quatro e late. Fran vai até a coxia e traz um alvo de atirador de facas para a cena. Ela coloca uma espécie de colar--coleira em Homem, que tem o número 19 inscrito. A música sai. Fran conduz Homem até a frente do alvo.

FRAN:
Tá entendendo? Eu sou a atiradora de facas e você, meu alvo. Vai acontecer assim: eu vou subir no meu skatinho e vou girar. Enquanto giro eu jogo as facas. E você de olhos fechados. Não pode abrir, se abrir eu vou cortar seu pau. Vai rezando: "Pai nosso cristais no céu."

Fran sussurra para a plateia enquanto ator reza.

FRAN:
Eu vou contar de um até três. No três, vocês gritam "Não, Fran!". Um, dois, três...

Fran avança até o alvo com a faca na mão.

PÚBLICO:
Não, Fran!

Fran crava a faca no alvo, ao lado da cabeça de Homem. A plateia grita.

FRAN:
Pode abrir os olhos... ficou ansioso?

Homem responde que sim.

FRAN:
Você sabe o que eu fiz com você?

Homem responde.

FRAN:
Lembra das perguntas que eu fiz pra você? "Já agrediu psicologicamente e emocionalmente uma mulher?" E as pessoas respondem que sim com tanta naturalidade, né? Então, o que fiz agora com você foi uma agressão psicológica e emocional. Depois de ter passado por isso, você agrediria novamente uma mulher?

HOMEM:
Não.

FRAN:
Isso aqui é Paulo Freire, tá, gente?

Fran convida o boy a se sentar na poltrona felpuda.

FRAN:
Fica sentado bem sexy. [*para o público*] Primeiro tivemos a cena de terror psicológico e agora teremos a cena de terror real. Como vai funcionar essa cena? [*para o homem*] Nós vamos fazer juntos, tá? Eu dou as regras e você só pode dizer sim pra mim. Cenário: Meu apartamento.

Entra uma música instrumental da Letrux, de festinha, hipnótica. A luz muda para um ambiente mais íntimo. Um globo de luz gira no alto.

FRAN:
Eu te ofereço uma bebida alcoólica cenográfica. Você diz sim.

Homem responde "sim".

FRAN:
Vira o copo.

Homem bebe.

FRAN:
Mais uma dose. (*Homem bebe*) Mais uma. (*Homem bebe*) Mais uma.

Homem bebe.

FRAN:
Você agora já tá mais animado. Você levanta e vem dançar comigo.

Homem se levanta e vai dançar com Fran. Eles dançam.

FRAN:
Agora te ofereço mais uma dose... Nossa, você já tá muito à vontade. Eu pego a taça da sua mão. Eu conto uma piada pra te distrair. Enquanto você ri, distraído, eu coloco um comprimido na sua bebida. [*Fran oferece novamente a taça para o homem*] Te ofereço a taça. Você aceita e bebe.

Música para.

FRAN:
Você fica tonto, tonto, tenta caminhar e cai aqui no centro do palco... desacordado.

Homem caminha e cai no meio do palco. Mudança de luz.

FRAN:
Temos um homem desacordado. O que a gente faz com ele? [*Fran olha para seu dildo, para Homem e para o público. Fran aponta seu dildo para Homem, que está deitado no chão, desacordado. Fran começa a bater em Homem com o dildo*] Chama surra de pau. Eles amam!

Coloca o dildo na boca do homem desacordado. Coloca o dildo na bunda de Homem desacordado.

FRAN:
Será que eu tiro a cueca dele? [*olha dentro da cueca*] Ai, que nojo! Não depilou.

Coloca novamente o consolo na bunda de Homem desacordado.

FRAN:
Vocês já viram alguma cena assim na internet? Uma mulher cis enrabando um homem cis. E o contrário? Vocês já viram? [*a plateia responde*] Agora imaginem eu no lugar dele. Vocês consomem esse tipo de conteúdo na internet, plateia? Agora

imaginem eu no lugar dele com dezoito anos, e no meu lugar um homem cis, médico. Esse ambiente é a clínica dele, ele me dopou. Vocês acreditam que ele enfiou? [*aponta para o dildo. Plateia responde*] Na época quase ninguém acreditou em mim... vocês acreditam que no mesmo dia, só que a noite, eu tinha um espetáculo e precisava fazer mais ou menos trezentas pessoas rirem?...

Agora eu posso me vingar. [*olha para Homem desacordado. Olha para a plateia*] Mas eu escolho não me vingar assim. [*para Homem*]. Pode se levantar.

Aponta para Homem ir até a jaula. Ele se posiciona dentro da jaula. Fran vai até o centro/frente do palco.

FRAN:
Eu não vou me vingar dessa forma porque esse espetáculo já é a minha vingança.
Espero que vocês tenham entendido... muito obrigada.

Blecaute.

Em poucos segundos o palco reacende com luzes piscando na cadência do rock "Boys wanna be her". Fran e Homem não estão mais no palco. Do fundo do palco surge Fran em êxtase se despindo de toda a alegoria de mulher-gorila. Por baixo da roupa, Fran revela seu corpo completamente coberto de pelos. Da sua vagina saem raios lasers que iluminam todo o teatro.

FIM

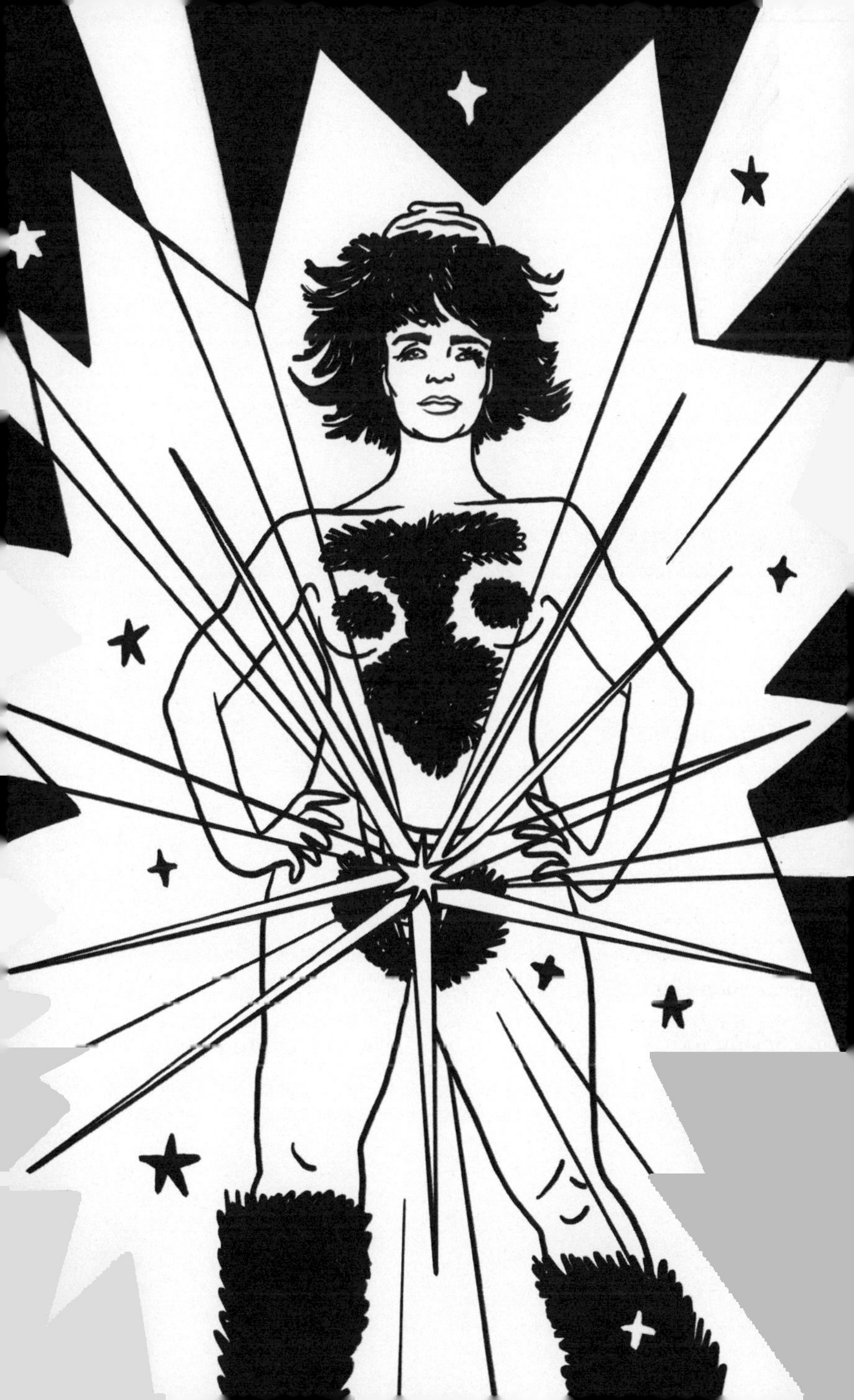

De Rafa para vocês

O circo é uma arte milenar. Especula-se que o primeiro circo surgiu em 1770. Só em 1940, porém, se tem registro da primeira mulher palhaça no Brasil. Maria Eliza Alves dos Reis se apresentava com o nome masculino de palhaço Xamego, ninguém podia saber que era uma mulher por baixo daquele figurino de palhaço.

Mulheres não podiam ser palhaças. O primeiro grupo de mulheres palhaças do Brasil foi fundado em 1991, "As Marias da Graça". Antes desse marco, as funções que nos eram permitidas dentro desse mercado eram: ajudante de palco, equilibrista, contorcionista, alvo para o atirador de facas.

A ajudante de palco serve como um embelezamento da cena, é um acessório sem relevância ou protagonismo. A equilibrista se equilibra sobre um fio a muitos metros de altura, se ela errar é fatal. Ela morre. A contorcionista é "partida ao meio" em uma caixa mágica. Esse é o fascínio proposto pela cena. A que serve de alvo para o atirador de facas nos coloca para assistir a um homem brincando com a possibilidade de matar uma mulher ao vivo.

Todas conectadas a beleza, perfeição e risco de vida. Isso não te parece familiar quando pensamos no papel que a mulher ocupa na nossa sociedade? Se fizermos um paralelo, veremos a reprodução da lógica patriarcal sendo operada dentro e fora dos picadeiros, e também no teatro, na TV, no cinema, na literatura e em toda representação que ainda for monopolizada pelo olhar e pelo poder masculino.

No outro extremo dessa beleza, perfeição, objetificação e risco que nos era imposto estava o que eles chamavam de aberração: a mulher barbada, a mulher-gorila ou qualquer outra mulher que não coubesse no estereótipo coquete.

Mais uma vez, podemos reconhecer essa dinâmica na nossa sociedade: ou as mulheres cumprem um roteiro da idealização criada pelos homens ou são marginalizadas. Nunca humanizadas, nunca palhaças. Porque a palhaça é a representação do que há de genuinamente humano em nós.

Quando rimos de uma palhaça, rimos do que identificamos como humano entre nós . E para o circo e a sociedade, ambos calcados em uma tradição extremamente patriarcal e declaradamente misógina, é ultrajante nos enxergar e nos respeitar na nossa humanidade.

Dessa consciência nasce meu posicionamento no circo e na sociedade. Fran é a minha palhaça, é minha humanidade genuína servindo para questionar toda e qualquer estrutura que nos oprima. Fran é minha super-heroína que através do riso, da relação com o público e com a subversão vai desenhando novos universos possíveis em que viver não seja tão doloroso.

Em *King Kong Fran* eu uno todos os estereótipos que usam pra nos limitar: da idealizada à aberração. A mulher-gorila vem pra aterrorizar o patriarcado, e quem guia a brincadeira é a minha palhaça. Todo esse caminho eu percorro brincando, subvertendo os papéis de gênero, fazendo com que os homens do próprio veneno criado por eles. E, o mais importante, faço tudo isso rindo, sentindo muito prazer.

Meu humor, meu prazer e minha inteligência são meu patrimônio, meu escudo e minha arma. Enquanto eu estiver por aqui, desejo estar construindo possibilidades mais livres para todas nós. E, quando eu não estiver mais, que esse movimento já seja enorme e a opressão feminina seja algo que tenha ficado em um passado muito distante.

Desejo que sejamos humanas, mulheres. Nem santas, nem putas, nem bruxas, nem aberrações.

Que sejamos palhaças e livres pra brincar com todas as possibilidades de ser mulher.

Rafaela Azevedo
Atriz, diretora, dramaturga e palhaça

"Atenção, vai começar a transformação!"

A minha alegria de ter sido convidado pela Rafaela Azevedo para coescrever e codirigir este espetáculo é imensa. Assim como acontece com todos os homens que assistem à peça, foi uma experiência transformadora. Di-dá-ti-ca.

A primeira coisa que aprendi: o palhaço trabalha com o erro. Com o fracasso. Quando entra em cena, o palhaço traz o que tem de mais ridículo. Dele e, por consequência, nosso. É um espelhamento maravilhoso. Então, já no primeiro ensaio, percebi: "Opa, opa, sou bem ridículo... vim aqui para trabalhar e estou percebendo que sou bem ridículo... mas no que exatamente?" Logo, logo fui descobrindo...

Além do patético, todo palhaço também traz para a cena uma poética preciosa. Ela carrega o humor, os afetos e também o mistério.

Para mim, *King Kong Fran* tem muito desse mistério. Como definir o espetáculo? Ele é um misto de palhaçaria, teatro, performance e cabaré, se apresenta de muitas formas. É engraçadíssimo e aterrorizante. Violento e restaurador. Muitas vezes não sabemos como reagir: devemos rir ou chorar nesta cena? Que monstro é esse diante de nós? Que King Kong é essa que usa cabelo chanel e chama todo mundo de "*amore*"? Para logo em seguida revelar que já matou 18 homens? E nos faz rir e refletir com isso... ainda hoje, tendo assistido ao espetáculo mais de 50 vezes, fico tão estupefato quanto o público, gargalhando e pensando: "O que está acontecendo aqui?... alguma coisa muito forte está acontecendo aqui!"

Das certezas que tenho, a mais evidente é de que, em cena, estamos diante de uma artista, uma criadora, uma palhaça extraordinária — Fran. A outra é que esse espetáculo tem uma comunicação arrebatadora com o público, trazendo para a cena questões urgentes sobre a lógica do patriarcado, sua violência. E a possibilidade libertadora de, invertendo os papéis, rir e transformar as representações do masculino e do feminino.

Os homens percebem isso no espetáculo. (Espero.) Mas, mesmo para aqueles que conseguem aprender um pouco, está claro que ainda estamos no ensino básico. Estamos, com generosidade, no início da alfabetização. Precisamos muito ler Virginie Despentes, Lélia Gonzalez, Djamila Ribeiro, Judith Butler, Marcia Tiburi, Sueli Carneiro, Gerda Lerner, Helena Vieira, bel hooks, Silvia Rivera Cusicanqui... e ouvir nossas companheiras, irmãs, mães, filhas, amigas, conhecidas, desconhecidas. Em casa. No trabalho. Na rua. Ouvir. Ouvir. E ouvir.

E nos transformar.

O que se revelou para mim nos ensaios e se revela no espetáculo para o público masculino é o ridículo do patriarcado. Estamos de cuequinha, ridículos na maneira que somos, que agimos. Há séculos. O espetáculo é demolidor nessa crítica, e é uma apoteose ver isso acontecer.

Tal apoteose acontece de maneira profunda porque a palhaçaria se dá na RELAÇÃO COM O OUTRO... a dramaturgia do espetáculo foi construída assim. Não há quarta parede. Todas as ideias, os conceitos e as emoções acontecem quando se joga com o outro. Existe melhor maneira de olhar o mundo?

Celebramos ainda, com este livro, a publicação de uma forma muito especial de dramaturgia, que historicamente foi bastante ignorada. *King Kong Fran* é uma obra de palhaçaria, dessas que quase nunca são publicadas... desde a Grécia, passando pela *commedia dell'arte* e por todas as praças e por todos os picadeiros através dos tempos, há uma tradição cômica importantíssima, que sempre se manteve muito perto do público, mas longe das estantes.

Não mais. Sorte a nossa que temos a Fran por perto e que muitas palhaças e comediantes maravilhosas estão agora nos livros, nos palcos, na TV, na internet. Uma revolução cômica feminina está em curso — iconoclasta, popular, brilhante!

A Circa chegou na cidade, finalmente!

Pedro Brício
Diretor e dramaturgo

Uma mulher do seu tempo que nos devolve o agora

A primeira vez que vi a Fran no Instagram não entendi. Me irritou. Voltei. Vi de novo. Gostei. De novo não gostei. E isso me fez gostar. Ela me incomodou. Falou a partir de um lugar que eu não acessava, não reconhecia em meu arquivo. O que essa menina está fazendo? Pensei. A partir dali sabia se tratar de uma artista contemporânea, que, mais do que fazer a narrativa do seu tempo, o manifestava em seus gestos, em seu posicionamento no mundo. De cara gostei da personagem, da sensualidade debochada que se derrama especialmente na voz. Mas sabia que não era só aquilo. A sexualidade feminina ali dizia mais do que das mulheres e suas lutas específicas, ela falava da quebra de padrões há muito estabelecidos.

No espetáculo pude ver melhor o jogo que ela propõe, a tensão que estabelece o tempo todo, a dúvida sobre o que aquilo tudo significa, e que de fato nunca será respondida, se não aos poucos decifrada. Por isso é muito rica essa postura que ela estabelece. Esse lugar de dúvida. Ela está dizendo isso mesmo? Sim, está. Mas ela está encenando. Trata-se de uma personagem. Com esta liberdade, a da atriz, ela abusa, provoca, explora limites. Parece brincar na corda bamba, se arriscando entre um machismo invertido, e quase agressivo, e uma vingança saborosa, divertida, bem-humorada. Mas nada menos do que um basta. Chega de achar que meu corpo é sua casa. Não é não, meu irmão. Não é não.

Eu não vou esperar. Ela parece dizer. Eu vou fazê-los engolir esse machismo definitivamente. Basta. Vou mudar agora esta história. No palco. Não é um discurso, é uma ação. E a ação não é escravizar homens, desprezá-los, como às vezes fica explícito em seu discurso, em sua encenação. A ação lindamente ali proposta me parece ser a de espelhá-los, de mostrar a eles quem eles estão sendo, quando são invasivos, desrespeitosos, agressivos, violentos com as mulheres. Por meio do teatro, e ela é uma ótima atriz, e da caricatura do circo, ela é uma palhaça, ela expõe como eles são, no fim das contas, patéticos, ridículos. E isso os atinge de imediato. Não é isso o que o palhaço faz? Ele mostra aos homens a caricatura do que eles são. A Fran mostra também às mulheres, que por hábito se submetem, quase como por condição.

A Fran liberta o grito das mulheres no que diz respeito à luta mais valiosa em todos os tempos, o respeito ao seu corpo, a sua sexualidade. As práticas castradoras fundadas na submissão do corpo feminino, de sua sexualidade, serviram de fundamento para todos os outros modos de submissão que marcaram este modelo de civilização que criamos. A libertação do feminino representa mais do que a libertação das mulheres, é a libertação da vida, daquilo que gera, prolifera, cria. Essas questões me parecem latentes aqui.

O que é interessante nessa postura/ personagem que ela assume é que se dirige aos costumes sem recorrer às leis. Ela foge do discurso legalista, institucional, e vai, toma pra si, e parte pra cima em uma guerrilha do pensamento, da mudança de conceito. Imagino que ela nem pense em tudo isso que eu tô falando e morra de rir quando ler, mas não importa. O que fica explícito em seu trabalho é *eu não vou esperar, vou fazer diferente, agora*. E ela faz. Mesmo antes da peça, nas redes sociais, o que ela faz é teatro. De posse da personagem, ela atira sem piedade e a gente na plateia ama ver a vingança que realiza, ali, por todas nós. É delicioso. É divertido. É uma catarse feminina. Da qual eu fiz parte quando assisti. A arte do palhaço é nos fazer rir e pensar. Nos fazer mudar de lugar.

Fran não é um acontecimento que se explique. Ela é um dos bons frutos do nosso tempo, um fruto suculento capaz de alimentar muita gente com ousadia, humor, alegria e, principalmente, com novos olhares sobre a vida, sobre o corpo das mulheres, sobre liberdade e luta. Sobre chutar a porta. Sobre basta, meu corpo não é sua casa.

Fran é uma explosão própria dos nossos tempos, ela reflete de modo irônico e ousado o modo como sua época a implicou e a implica. Trata-se de uma mulher deste tempo que nos devolve o agora.

E não venham cobrar coerência, ou discurso de antiviolência. Algumas pessoas já me perguntaram se eu não acho o discurso dela agressivo? Sim, um machismo invertido.

Um discurso que rasga os limites do razoável e nos lança na caricatura de costumes ou na leveza da palhaçaria. Adorei no dia em que soube que ela era uma palhaça. Aí tudo começou a fazer sentido pra mim. Ou melhor, a desfazer sentido. Apenas ouvido e riso de alívio e de vingança, sim. Todas nos sentimos vingadas junto com a nossa mulher-gorila contemporânea. Aí o riso é alto. Quase um grito. Sim, agora basta. Não mais. Aprenda desde cedo. Meu corpo não é sua casa. Não entre se não for convidado.

Viviane Mosé
Poeta, filósofa e psicanalista

Sobre os autores

Rafaela Azevedo é atriz, palhaça, diretora e pesquisadora. É a idealizadora de *King Kong Fran*, sucesso de crítica e público no teatro — do qual é intérprete solo, codiretora e codramaturga — indicado ao Prêmio do Humor 2023 nas categorias Melhor Performance, Melhor Espetáculo e Melhor Direção. Rafaela também é integrante do canal de humor Porta dos Fundos. No Instagram, como @fran.wt1, soma cada vez mais seguidores com uma personagem anarquista que inverte a relação do machismo e supreende e diverte o público objetificando os homens. Assinou a direção e a dramaturgia dos espetáculos *Não aprendi dizer adeus*, de Bárbara Salomé, considerado uma das 25 melhores peças de 2022 pela *Folha de S.Paulo*; e *Ira do afeto*, de 2023, da atriz Débora Veneziani. É idealizadora e diretora do Laboratório Estado de Palhaça e Palhaço, escola que difunde a técnica da palhaçaria.

Pedro Brício é formado em cinema pela Universidade Federal Fluminense (UFF) e é mestre em Teatro pela Unirio. Cursou a Desmond Jones School of Mime (Londres), a Scuola Internazionale dell'attore Comico (Italia) e a École Philippe Gaulier (Londres). Escreveu e dirigiu as peças *King Kong Fran* (em parceria com Rafaela Azevedo), *Sonhos de uma noite com o Galpão, O condomínio, Me salve, musical!, Trabalhos de amores quase perdidos, Cine-Teatro Limite, A incrível confeitaria do Sr. Pellica.* É ainda autor de *Nastácia, Breu, Comédia Russa, O menino que vendia palavras*, espetáculos dirigidos, respectivamente, por Miwa Yanagisawa, João Fonseca e Cristina Moura. Recebeu e foi indicado a alguns dos principais prêmios do país pelo seu trabalho, como Shell, APTR, Questão de Crítica, Contigo, APCA, Prêmio do Humor. Escreveu e dirigiu os musicais *Show em Simonal* e *Icaro and the black stars*. Tem textos traduzidos para o inglês, o espanhol, o alemão. Participou da Feira Internacional do Livro de Frankfurt, da Semana de Dramaturgia Contemporânea, em Guadalajara, e da mostra Una Mirada al Mundo, no Centro Dramático Nacional, em Madri. Como diretor, encenou textos de Samuel Beckett, Edward Albee, Rafael Spregelburd, Patrícia Melo e Hilda Hilst. É carioca e pai do Benjamin.

CIP-BRASIL. CATALOGAÇÃO NA PUBLICAÇÃO
SINDICATO NACIONAL DOS EDITORES DE LIVROS, RJ

A988k

Azevedo, Rafaela

King Kong Fran / Rafaela Azevedo, Pedro Brício. - 1. ed. - Rio de Janeiro : Cobogó, 2023.

72 p. ; 19 cm. (Dramaturgia)

ISBN 978-65-5691-127-4

1. Teatro - Crítica e interpretação. 2. Representação teatral. I. Brício, Pedro. II. Título. III. Série.

23-86497   CDD: 792.015
               CDU: 792

Gabriela Faray Ferreira Lopes - Bibliotecária - CRB-7/6643

© Editora de Livros Cobogó, 2023

Editora-chefe
Isabel Diegues

Editora
Aïcha Barat

Coordenação de produção
Melina Bial

Assistente de produção
Bento Gonzalez

Revisão final
Eduardo Carneiro

Projeto gráfico de miolo e diagramação
Mari Taboada

Capa e ilustrações
Juliana Montenegro

Nenhuma parte desta obra pode ser reproduzida, adaptada, encenada, registrada em imagem e/ou som, ou transmitida de nenhuma forma ou por nenhum meio, sem a permissão expressa e por escrito da Editora Cobogó.

A opinião dos autores deste livro não reflete necessariamente a opinião da Editora Cobogó.

Todos os direitos reservados à
Editora de Livros Cobogó Ltda.
Rua Gen. Dionísio, 53, Humaitá
Rio de Janeiro – RJ – Brasil – 22271-050
www.cobogo.com.br

Coleção Dramaturgia

ALGUÉM ACABA DE MORRER LÁ FORA, de Jô Bilac

NINGUÉM FALOU QUE SERIA FÁCIL, de Felipe Rocha

TRABALHOS DE AMORES QUASE PERDIDOS, de Pedro Brício

NEM UM DIA SE PASSA SEM NOTÍCIAS SUAS, de Daniela Pereira de Carvalho

OS ESTONIANOS, de Julia Spadaccini

PONTO DE FUGA, de Rodrigo Nogueira

POR ELISE, de Grace Passô

MARCHA PARA ZENTURO, de Grace Passô

AMORES SURDOS, de Grace Passô

CONGRESSO INTERNACIONAL DO MEDO, de Grace Passô

IN ON IT | A PRIMEIRA VISTA, de Daniel MacIvor

INCÊNDIOS, de Wajdi Mouawad

CINE MONSTRO, de Daniel MacIvor

CONSELHO DE CLASSE, de Jô Bilac

CARA DE CAVALO, de Pedro Kosovski

GARRAS CURVAS E UM CANTO SEDUTOR, de Daniele Avila Small

OS MAMUTES, de Jô Bilac

INFÂNCIA, TIROS E PLUMAS, de Jô Bilac

NEM MESMO TODO O OCEANO, adaptação de Inez Viana do romance de Alcione Araújo

NÔMADES, de Marcio Abreu e Patrick Pessoa

CARANGUEJO OVERDRIVE, de Pedro Kosovski

BR-TRANS, de Silvero Pereira

KRUM, de Hanoch Levin

MARÉ/PROJETO BRASIL, de Marcio Abreu

AS PALAVRAS E AS COISAS, de Pedro Brício

MATA TEU PAI, de Grace Passô

ÃRRÃ, de Vinicius Calderoni

JANIS, de Diogo Liberano

NÃO NEM NADA, de Vinicius Calderoni

CHORUME, de Vinicius Calderoni

GUANABARA CANIBAL, de Pedro Kosovski

TOM NA FAZENDA, de Michel Marc Bouchard

OS ARQUEÓLOGOS, de Vinicius Calderoni

ESCUTA!, de Francisco Ohana

ROSE, de Cecilia Ripoll

O ENIGMA DO BOM DIA, de Olga Almeida

A ÚLTIMA PEÇA, de Inez Viana

BURAQUINHOS OU O VENTO É INIMIGO DO PICUMÃ, de Jhonny Salaberg

PASSARINHO, de Ana Kutner

INSETOS, de Jô Bilac

A TROPA, de Gustavo Pinheiro

A GARAGEM, de Felipe Haiut

SILÊNCIO.DOC,
de Marcelo Varzea

PRETO, de Grace Passô,
Marcio Abreu e Nadja Naira

MARTA, ROSA E JOÃO,
de Malu Galli

MATO CHEIO, de Carcaça
de Poéticas Negras

YELLOW BASTARD,
de Diogo Liberano

SINFONIA SONHO,
de Diogo Liberano

SÓ PERCEBO QUE ESTOU
CORRENDO QUANDO VEJO QUE
ESTOU CAINDO, de Lane Lopes

SAIA, de Marcéli Torquato

DESCULPE O TRANSTORNO,
de Jonatan Magella

TUKANKÁTON + O TERCEIRO
SINAL, de Otávio Frias Filho

SUELEN NARA IAN,
de Luisa Arraes

SÍSIFO, de Gregorio Duvivier
e Vinicius Calderoni

HOJE NÃO SAIO DAQUI,
de Cia Marginal e Jô Bilac

PARTO PAVILHÃO,
de Jhonny Salaberg

A MULHER ARRASTADA,
de Diones Camargo

CÉREBRO_CORAÇÃO,
de Mariana Lima

O DEBATE, de Guel Arraes
e Jorge Furtado

BICHOS DANÇANTES,
de Alex Neoral

A ÁRVORE, de Silvia Gomez

CÃO GELADO,
de Filipe Isensee

PRA ONDE QUER QUE EU
VÁ SERÁ EXÍLIO,
de Suzana Velasco

DAS DORES, de Marcos Bassini

VOZES FEMININAS — NÃO EU,
PASSOS, CADÊNCIA,
de Samuel Beckett

PLAY BECKETT — UMA PANTOMIMA
E TRÊS DRAMATÍCULOS (ATO SEM
PALAVRAS II | COMÉDIA/PLAY |
CATÁSTROFE | IMPROVISO DE OHIO),
de Samuel Beckett

MACACOS — MONÓLOGO
EM 9 EPISÓDIOS E I ATO,
de Clayton Nascimento

A LISTA, de Gustavo Pinheiro

SEM PALAVRAS,
de Marcio Abreu

CRUCIAL DOIS UM,
de Paulo Scott

MUSEU NACIONAL
[TODAS AS VOZES DO FOGO],
de Vinicius Calderoni

COLEÇÃO DRAMATURGIA ESPANHOLA

A PAZ PERPÉTUA, de Juan Mayorga | Tradução Aderbal Freire-Filho

ATRA BÍLIS, de Laila Ripoll | Tradução Hugo Rodas

CACHORRO MORTO NA LAVANDERIA: OS FORTES, de Angélica Liddell | Tradução Beatriz Sayad

CLIFF (PRECIPÍCIO), de José Alberto Conejero | Tradução Fernando Yamamoto

DENTRO DA TERRA, de Paco Bezerra | Tradução Roberto Alvim

MÜNCHAUSEN, de Lucía Vilanova | Tradução Pedro Brício

NN12, de Gracia Morales | Tradução Gilberto Gawronski

O PRINCÍPIO DE ARQUIMEDES, de Josep Maria Miró i Coromina | Tradução Luís Artur Nunes

OS CORPOS PERDIDOS, de José Manuel Mora | Tradução Cibele Forjaz

APRÈS MOI, LE DÉLUGE (DEPOIS DE MIM, O DILÚVIO), de Lluïsa Cunillé | Tradução Marcio Meirelles

COLEÇÃO DRAMATURGIA FRANCESA

É A VIDA, de Mohamed El Khatib | Tradução Gabriel F.

FIZ BEM?, de Pauline Sales | Tradução Pedro Kosovski

ONDE E QUANDO NÓS MORREMOS, de Riad Gahmi | Tradução Grupo Carmin

PULVERIZADOS, de Alexandra Badea | Tradução Marcio Abreu

EU CARREGUEI MEU PAI SOBRE MEUS OMBROS, de Fabrice Melquiot | Tradução Alexandre Dal Farra

HOMENS QUE CAEM, de Marion Aubert | Tradução Renato Forin Jr.

PUNHOS, de Pauline Peyrade | Tradução Grace Passô

QUEIMADURAS, de Hubert Colas | Tradução Jezebel De Carli

COLEÇÃO DRAMATURGIA HOLANDESA

EU NÃO VOU FAZER MEDEIA, de Magne van den Berg | Tradução Jonathan Andrade

RESSACA DE PALAVRAS, de Frank Siera | Tradução Cris Larin

PLANETA TUDO, de Esther Gerritsen | Tradução Ivam Cabral e Rodolfo García Vázquez

NO CANAL À ESQUERDA, de Alex van Warmerdam | Tradução Giovana Soar

A NAÇÃO — UMA PEÇA EM SEIS EPISÓDIOS, de Eric de Vroedt | Tradução Newton Moreno

2023

———————

1ª impressão

Este livro foi composto em Calluna.
Impresso pela BMF Gráfica e Editora,
sobre papel Pólen Natural 80g/m².